Zusammengereimt

Gedichte und Reime

Autor: Dagmar Scholz

Impressum:

Impressum::

Alle Rechte an diesem Buch liegen beim

Autor:

Dagmar Scholz,

Weimarer Straße 11

34379 Calden

Erste Auflage

Zu bestellen bei:

BoD Books on Demand GmbH

In de Tarpen 42

22848 Norderstedt

www.bod.de

oder überall im Buchhandel

Inhaltsverzeichnis

Modernes Leben

Die Welt ist virtuell geworden
das gibt nicht mehr oder weniger
Sorgen.
Auf dem schnellen Datengleis
verkehrt man mit dem
Freundeskreis.

Die Einladung wird über das Netz
verschickt,
die Antwort dann schnell
angeklickt.
Die Ehe wird bald online
geschlossen,
das Leben separat genossen,
denn jeder lebt an seinem Ort,
per eMail wechselt man das Wort.

Auch Onlineshopping und
Onlinebanking,
sind bei uns schon hoch im
Ranking..
Zur Arbeit mit den Datenbahnen,

da muss man nicht mehr selber
fahren.

Der Chef ist heute virtuell
die Arbeitsplätze wechseln
schnell
man schickt die Daten hin und her
und steckt im Internetverkehr

So spart man Zeit und auch
Benzin
und kommt doch überall noch hin.

Tierwelt

Der Frosch und die Meise
mögen die gleiche Speise.
Beide fressen Fliegen
doch wer wird sie kriegen?

Der Frosch an seinem Teiche saß
und wartet auf den Fliegenfraß
da kam die kleine Meise,
angeflogen ganz leise.

Bevor der Frosch die Fliege
schnappt
die Meise sie zuerst gepackt;
so sagt uns die Moral,
nicht alle sind sozial.

Die Sonne

Die Sonne nimmt stets ihren Lauf,
im Osten geht sie morgens auf.
Sie weckt den Hahn,
der kräht vom Dach
und schon sind alle Menschen
wach.

Mit dem warmen Sonnenstrahl,
wärmt sie uns in Berg und Tal.
Von morgens bis abends wird sie
nicht müd,
so dass im Sommer alles blüht.

Mittags im Süden der höchste
Stand,
scheint sie über das ganze Land.
Sie wärmt die Ähren,
es wächst das Korn
Die Ernte kommt dann weiter
vorn.

Im Westen wird sie untergehen,
im Norden ist sie nie zu sehen.

Sonnenuntergang

Wenn die Sonne untergeht
Und der Mond am Himmel steht
Ist es dunkel, ist es kalt
Ruft die Eule aus dem Wald.

Arbeitswelt

Graue Stätten, viel Verkehr
Machen den Weg zur Arbeit
schwer.
Gerade im frühen Morgengrauen
Mag man noch nicht in den
Spiegel schauen.

Von montags bis freitags muss
man schuften
Hat man endlich Urlaub heißt es
„schnell verduften".
Viele zieht es dann in die Sonne,
hier kann man ruhen und baden
mit Wonne.

Doch die Montage sind häufig
Und der Urlaub oft fern
Es kommen die frühen Morgende
Man hat nicht alle Tage gleich
gern.

So hat man nun das Los des
Schaffens
Auf sich genommen Tag für Tag,
Endet es mit der Rente,
so ziemlich auf einen Schlag.

Die Liebe

Die Liebe ist oft mit Schmerz
verbunden
und beschert uns nicht nur frohe
Stunden.
Oft ist der Schmerz um die Liebe
groß
und nicht jeder zieht hier das
große Los.
Nicht wenige vertun ihr Leben
indem sie danach streben

die ewige Liebe zu finden
um sich dann erst zu binden.

Findet man sie nie, ist das Leben
vertan,
ungenutzt bleiben die vielen
schönen Dinge
die das Leben zu bieten, außer der
Ringe
so endet das Leben bevor es
begann
auch wenn man es anders haben
kann.

Das Jahr

Wenn die Natur wieder erwacht
und die Sonne öfter lacht
dann jubilieren Groß und Klein,
denn sie mögen den
Sonnenschein.

Auch die Vögel kommen wieder
und singen ihre neuen Lieder

Sie flöten, jubilieren und singen,
Frühling was wirst Du uns
bringen?

Die Blumen blühen, das Korn
wächst schnell
der Sommer ist ein beliebter
Gesell.
Mit schnellen Schritten kommt er
ins Land,
dem Bauern geht die Ernte leicht
von der Hand.

Das Korn ist gemahlen, das Heu
ist gemacht
die Sonne schon wieder weniger
lacht.

Die Blätter fallen, die Stürme
toben
Es wird ein Herbst, den nur
wenige loben.
Die Bäume sind kahl und das Laub
ist fort,
Jeder sucht nun einen warmen

Ort.

Viele Vögel sind fort und das Land
wird still
oft dauert der Winter bis zum
April.

Das Leben

Jeder Mensch hat ein Ziel
was er im Leben schaffen will.
Hat man´s erreicht, ist man
zufrieden
nicht jedem ist dieses Glück
beschieden.

Der eine greift wohl nach den
Sternen,
der andere kann Bescheidenheit
lernen.
Mit kleinen Schritten kann man
nun,
das Ziel erreichen und dann ruh´n.
Oft sucht man den Sinn des

Lebens,
der eine hat ihn, der andere sucht
vergebes.

Erfolg und Misserfolg

Der eine hat im Leben Glück,
der andere fällt weit zurück,
woran das liegt ist ungeklärt,
auch wenn es oft das Herz
beschwert.

Wir streben nach Zufriedenheit
ein hohes Gut sind Geld und Zeit.
Doch das alleine reicht uns nicht,
wenn keine Seele zu uns spricht,

Die Einsamkeit uns überfällt,
kein Lachen unseren Raum
erhellt.
Der Mensch will nicht alleine
leben,
so wird er immer danach streben
sich zu paaren und zu mehren,

die Familie zu begehren.

Hat man all dieses erreicht,
wird das Leben schön und leicht.
Nicht jedem ist dies Glück
beschieden,
manch einer wird vom Pech
gemieden.
Woran das liegt, wer weiß es
genau?
Der eine hat kein Geld,
der andere keine Frau!

Geheimnisvolle Stadt

Die kleine Stadt am großen Meer,
die ist beliebt, man mag sie sehr.
Der Weg dort hin ist schwer zu
finden,
da viele Pfade sie umwinden.

Hat man den falschen Weg
genommen,
dann ist man dort nicht

hingekommen.
Der rechte Pfad führt grad hinein,
wer diesen nimmt entgeht der
Pein
sich zu verfahren oder zu
verlaufen,
warum also nicht erst eine Karte
kaufen?

Allein

Du bist fortgegangen
hast mich allein gelassen
Du hattest mehr Verlangen
mich einfach zu vergessen

Allein stehe ich nun hier,
einsam und leer,
das ganze Haus ohne Dich
es gefällt mir nicht mehr.

Was soll ich nur tun
um das alles zu ertragen
das Schicksal verhöhnt mich

wen kann ich jetzt fragen?

Kommst Du wieder zurück,
kann ich Dich je vergessen?
Was tue ich ohne Dich,
so einsam und verlassen?

Burgfräulein Isolde

Burgfräulein Isolde war eine holde
Schönheitskönigin,
Ihr kam es manchmal in den Sinn
dass sie sehr gern zum Walde
ging.

Hier gab es Blumen und auch
Beeren,
die konnte sie pflücken oder
verzehren.
Die Vögel sangen dort ihr Lied
den tiefen Wald sie aber mied.

Und als sie eines Tages ging,
hört sie im Wald ein Lied erkling.

Dort saß ein Jüngling mit der
Laute
dem sie dort heimlich zuschaute.
Sie lauscht dem Lied das er dort
sang,
es hatte einen schönen Klang.
Verzaubert war sie von der Weise,
dass sie sich näherte ganz leise.

Ein Zweig unter ihren Füßen
knickte,
darauf der Jüngling sie erblickte.
Verzaubert war er auch von ihr
so schön war sie, die reinste Zier,

Er schaut sie an, sie schaut
zurück
Es ist Liebe auf den ersten Blick.
Vermählt sind sie jetzt schon ein
Jahr
Die Liebe ist ganz wunderbar.

Gedanken zur Glocke

Wer die Glocke einst geschrieben
der hatte meisterlich bedacht,
dass wir stets von ihr begleitet
mit ihr leben Tag und Nacht.

Geschrieben wards in früheren Zeiten
von des Meisters starker Hand
doch geblieben ist das Läuten
das uns weiter wird begleiten.

Geändert hat sich viel an Technik
die Glocke läutet nun allein
doch der Umstand ist geblieben
wem die Glocke läutet heim.

So gibt es Taufen und auch Hochzeit
die Glocke läutet nach wie vor
auch im Todesfall sie läutet,
wenn jemand steht am Himmelstor.

Geändert hat sich nur die Technik
der Mensch ist treu seiner Natur,
die auch der Meister schon
erkannte
denn er beschrieb die Lebensuhr.

Geblieben ist des Meisters Lehre
die wir aus seiner Glocke ziehen
weltweit ganze Menschenheere
kennen es das Glockenlied.

Die Liebe ist oft nicht von Dauer
sie dauert nicht ein Leben lang
auch wenn man prüft bevor man
bindet
dass sich auch Herz zu Herzen
findet,
das hat der Meister gut erkannt
und in seinem Lied benannt.

Der Löwe ja der ist gefährlich,
drum wecken sollte man ihn nicht
Der Tiger kann die Zähne blecken,
der Mensch die ganze Welt
erschrecken.

Das hat der früh erkannt
und in seinem Lied benannt.

So hat der Mensch sich nie
verändert,
ist geblieben wesensgleich
in Gesetze eingebunden
hat er vieles doch erreicht.

Und die Glocke läutet weiter
auf dem ganzen Lebensweg
läutet Taufe, Hochzeit, Trauer
bis der Mensch nicht mehr
besteht.

Die kleine Katze

Die kleine Katze
schlägt mit ihrer Tatze
nach der Maus
für die ist´s aus!

Natur

Grün sind die Wälder
und gelb die Stoppelfelder.
Der Bauer fährt die Garben ein.
Das Korn muss bald gedroschen sein,
so dass zum großen Erntefeste
er kann bewirten seine Gäste.

Die letzten Früchte der Natur
die werden dann geerntet nur
Äpfel, Birnen, Nüsse, Trauben
so dass wir an den Herbst jetzt
glauben.

Mit Stürmen, Farben und mit Regen
bringt jetzt der Herbst den kühlen
Segen.
Er schüttelt Blätter von den Bäumen
und sorgt dafür, dass wir früh träumen.

Der Winter

Der Winter kommt mit kaltem Hauch,
schmückt jeden Baum und jeden
Strauch
mit weißen Glitzersternen
Sie leuchten in dem fernen
Mond- und Sonnenstrahl
von den Bergen bis zum Tal.
Die Kinder haben ihren Spaß
die Stiefel werden manchmal nass
die Alten frieren
die Jungen auch.
Der Ofen pustet Qualm und Rauch.

Und wieder schneit es, immer wieder
der Schnee fällt auf die Erde nieder
Flocke um Flocke fällt hinunter,
immer mehr verschwindet unter
dem Schnee,
zugedeckt wird auch der See.

Die Kälte klirrt, es knackt das Eis
der Winter ist gar rau und weiß.
Wohl dem der einen Ofen hat,
der muss nicht frieren kalt und matt.

Doch was ist mit dem Wandersmann,
der sich nicht immer wärmen kann?
Dem gebe man ein warmes Bett,
er wird es danken lieb und nett.

Eine echte Freundschaft
(Aus der Lehre der Bürgschaft,dass Menschen sich auch ändern können.)

So war der Tyrann noch am Leben
Damons Dolch hatte es weder
genommen noch gegeben.
Trug er ihn im Gewande,
schlugen die Häscher ihn in Bande

Gefangen ward er
und die Schwester noch nicht gefreit,
drum war er zum Sterben
noch nicht bereit.

Eine gute Freundschaft zahlt sich nun aus,
der Freund bleibt dort und Damon darf raus.
Nun hat er eine Frist,
bis seine Schwester verheiratet ist.

Zwei tolle Freunde, so sollte es sein,
halten zusammen und sind nie allein.
So bürgt der Freund mit dem Leben,
bis Damon die Schwester dem Gatten
übergeben.

Und Damon beeilt sich, dem Freund
zuliebe,
auf dem Rückweg überfallen ihn Diebe.
Die Sonne geht unter, die Sonne geht
auf,
das Unglück nimmt fast seinen Lauf.
Und Damon rennt um das Leben,
das sein Freund für ihn würde geben.

Die Zeit wird knapp, er rennt und eilt
sein Freund beim Henker bald verweilt.
Doch er hat Glück, in letzter Stund
küsst er den Freund als Dank mit dem
Mund.

Gerührt ist nun der Tyrann,
dass es solche Freundschaft geben
kann
Sein Weltbild wackelt, er spürt sein
Herz,
Dass es empfindet Freude und
Schmerz.

Schmerz, denn er ist oft allein,
wer will mit Tyrannen befreundet sein?
Freude, weil beide Freunde noch leben
Ihren Tod hätte er sich nun niemals
vergeben.

Freundschaft nun weiß er, zählt mehr
als Gold,
Er hofft nun, dass auch er von den
Freunden gewollt.
So ändern sich Menschen, so kann es
sein,
manch einer wirkt schlecht und ist nur
allein.

Die Zeit

eins, zwei, drei, vier, fünf, sechs,
sieben,
wo ist denn die Zeit geblieben?
Erst war man jung, jetzt ist man alt.
Die Zeit ist ein Feind, sie macht nicht
halt.

Der größte Feind, das ist die Zeit
man wird schnell alt, es ist ein Leid.
Es tickt die Uhr, es rennt die Zeit
das Leben vergeht allein oder zu zweit.
Der Zeiger rennt, die Uhr tickt weiter
und höher geht's die Lebensleiter.

Und ticke tacke macht die Uhr,
es rennt die Zeit,
wo bleibt sie nur?

Der Knabe ist zum Mann geworden,
groß von Gestalt und fest das Haar,
das Mädchen ward zur Frau
die jetzt einen Knaben gebar.

Und schnell geht die Zeit dahin,
es rast die Uhr es hetzt der Zeiger
und ticke tacke macht es weiter.

Die Lebensleiter indess geht's weiter
hinauf, hinauf und immer höher
so geht es auf die Leiter
doch wie ergeht´s uns weiter?

Wir wollen kämpfen gegen die Zeit
Sie ist nicht Freund sondern Feind.
Wir müssen immer pünktlich sein
und vieles schaffen in Freud und Leid.

Wir können sie nicht besiegen,
die Zeit, sie wird uns kriegen.
Sie schickt uns hoch die Leiter des
Lebens
und wir, wir kämpfen vergebens.

Am Ende hat die Zeit gewonnen
den Menschen ist sie so zerronnen.
Sie werden alt und sind dann tot,
die Uhr tickt weiter ohne Not.

Der Spieler

Wer oft das Glück auf seiner Seite
und glaubt, dass es ihn ewig so
begleite
der kennt mitunter keine Grenzen,
das hat sehr oft Konsequenzen.

Der Spieler aber glaubt das nicht
er sieht sein Spiel im anderen Licht,
er zocket hoch und was passiert?
Er sein ganzes Geld verliert.

Der Schmerz ist groß, es kommt die
Pein,
so schnell kann man Verlierer sein.

Die Katze

Die Katze tritt mit ihrer Tatze
auf die Federkernmatratze
darauf liegt Herbert Meier
der träumt von einer Feier
die war am ersten Mai
und ist schon lang vorbei

Weihnachtszeit

Abends geh ich durch die Gassen
alles sieht so festlich aus
bunt geschmückt sind viele Fenster
fein verziert ist jedes Haus.

Auch die Straßen sind erleuchtet
Weihnachtssterne blinken dort
und ich gehe langsam weiter
durch den weihnachtlichen Ort.

Warm und fest sind meine Stiefel
damit stapf ich durch den Schnee
Auf mich fallen weiße Flocken
leicht wie Federn spür ich sie.

Und ich gehe immer weiter
durch die Straßen dieser Stadt
die so viele kleine Gassen

und die alte Kirche hat.

Jetzt hör ich die Glocken läuten
zwölfmal läuten sie plus vier
Jesus hat Geburtstag heut´
und diesen feiern wir.

Das Wetter

Mal Nebel mal Sturm,
wer hat hier die Wahl?
Das Wetter ist launisch
und wird oft zur Qual.

Doch wie kann man´s lenken
wird manch einer denken.
Denn, wer dieses kann
der hat freie Bahn
und kann für alle Zeiten,
die Jahreszeiten leiten.

Was niemand weiß

Wenn niemand eine Ahnung hat und
keiner von nichts weiß
dann hat man nichts auf´s Spiel gesetzt
das macht doch keinen heiß.

Man hat nichts verraten
und tut nichts kund
jeder hält eben seinen Mund

denn wer nichts weiß,
der sagt nicht viel
so kann man nichts erfahren
und setzt nichts auf´s Spiel

So wird man nie wissen
was niemand sagte
und niemand hören
was keiner beklagte.

Weihnachten naht

Wenn weiße Flocken fallen wie
Watteflöckchen fein,
dann wissen alle Kinder, es wird bald
Weihnacht sein.
Früh dunkel wird es abends und kalt ist
´s in der Nacht
der Mond scheint in der Stille bis man
ist aufgewacht.
Des morgens in der Frühe wird eifrig
schon geschmückt
Weil das Fest des Christes schon
täglich näher rückt.
Es sind nur sieben Tage, dann ist es ja
so weit
Die Kinder helfen eifrig, denn bald ist
Weihnachtszeit.
Sie üben die Gedichte und sprechen
jedes Wort
bis sie des abends müde und schlafen
ein sofort.
Und nun ist Weihnachtsmorgen, die
Kinder sind gespannt
Sie warten auf Knecht Ruprecht, der
fährt durchs ganze Land.
Sie warten viele Stunden, bis dass es
dunkel wird
und keiner geht nach draußen, denn
alle sind verwirrt.

Und wie sie alle warten, der Baum ist
schon geschmückt.
da hören sie im Garten gar einen
schnellen Schritt.
Die Stube ist ganz dunkel, die Kerzen
leuchten hell
Die Tür geht auf Knecht Ruprecht der
kommt herein ganz schnell
„Oh Kinder, liebe Kinder" so spricht
Knecht Ruprecht aus
Wer kann den ein paar Zeilen mir sagen
hier im Haus.
Da meldet sich der Josef, ganz mutig
und beschwingt
zitiert gleich drei Gedichte, betet dann
und singt.
Knecht Ruprecht ist zufrieden und teilt
Geschenke aus.
Ganz schnell ist er verschwunden und
schon im nächsten Haus.

Der alte Mann und das Weihnachtsfest

Es war einmal ein alter Mann, der jedes
Jahr das Weihnachtsfest allein feierte.
Seine Eltern und Verwandten waren
schon lange tot und sonst hatte er

niemanden. Sein Leben lang hat er hart in der Fabrik gearbeitet und nun war er alt und allein. Er war sehr menschenscheu und hatte keine Freunde. Also war er jedes Jahr zur Weihnachtszeit auch allein. Doch immer war er traurig, weil alle Menschen um ihn herum mit der Familie oder mit Freunden das Weihnachtsfest im großen Kreis feierten. Aber auch wenn nicht Weihnachten war, saß der alte Mann allein. Er ging nur aus dem Haus, wenn er zum Arzt musste oder einkaufen ging. Doch einkaufen musste er ja nicht viel. Der alte Mann saß wenige Tage vor Weihnachten nachdenklich in seinem Sessel Jetzt naht schon wieder das Weihnachtsfest und ich habe niemanden dem ich ein frohes Weihnachtsfest wünschen kann. Dieser Gedanke machte ihn ganz traurig. Am nächsten Morgen musste der alte Mann aus dem Haus, weil er zum Arzt musste. Danach wollte er noch etwas einkaufen.

Als er die Haustür aufmachte, sah er, dass es wohl die ganze Nacht geschneit haben musste. Und noch immer fielen die Schneeflocken vom

Himmel. Als er so durch den Schnee stapfte, lag plötzlich ein Schlüssel mit Anhänger vor seinen Füßen. Fast wäre er darauf getreten. Er hob den Schlüssel auf und steckte ihn erst einmal ein. Nun erledigte er seine Wege und wollte sich auf den Heimweg mache. Da fiel ihm plötzlich der Schlüssel wieder ein. Er zog ihn aus der Tasche und betrachtete den Anhänger genauer. Er drehte ihn um und stellte fest, dass dort eine Adresse darauf stand. Nun musste er sich wohl oder übel auf den Weg machen und den Schlüssel zu der angegebenen Adresse bringen.Eine junge Frau öffnete ihm die Tür und hinter ihr standen etwas versteckt zwei Kinder, ein vierjähriges Mädchen und ein ungefähr siebenjähriger Junge. „Guten Tag", stotterte der alte Mann zaghaft, „ich habe hier einen Schlüssel mit Ihrer 33 Adresse darauf gefunden". Er gab ihr den Schlüssel, wollte sich schnell umdrehen und gehen. Doch die junge Mutter bat ihn doch einen Moment hereinzukommen. „Ach kommen Sie doch bitte einen Moment rein, ich habe gerade Kaffee gekocht und Kuchen gebacken. Ich lade Sie gern dazu ein."

Der alte Mann zögerte etwas, sagte dann aber: „Danke, dann nehme ich Ihre Einladung gern an." So saßen die vier zusammen am Tisch, aßen Kuchen, tranken Kaffee und heiße Milch. Sie unterhielten sich und die junge Frau erzählte, dass ihr Mann vor drei Jahren gestorben sei. Ihre beiden Kinder waren nun alles, was sie noch an Familie hatte. Sie war in einem Kinderheim aufgewachsen, da ihre Eltern bei einem Autounfall ums Leben gekommen war. Ihr Mann war vor drei Jahren an einer schweren Lungenentzündung gestorben. Auch er hatte keine Familie mehr. Als die junge Frau hörte, dass der Mann auch keine Familie hatte und Weihnachten allein war, da lud sie ihn ein, mit ihr und ihren Kindern zu feiern. Sie meinte, dass er 34 das schönste Weihnachtsgeschenk für Ihre Kinder sei, denn sie wünschen sich nichts mehr, als einen Großvater, der mit ihnen spielt und ihnen Geschichten vorliest. Da freute sich der alte Mann, denn er mochte die junge Frau und auch die Kinder sehr gern. Als er auf dem Heimweg war, da war er das erste Mal seit vielen Jahren richtig froh und freute sich auf das

Weihnachtsfest.

Weihnachtsstress

Backen, Braten, alles schmücken,
Die Weihnachtszeit will näherrücken,
herausgeputzt wird jetzt das Haus,
man kennt das ja, jahrein, jahraus.

Es wird geputzt, es wird gewienert
die fleißige Hausfrau kocht und dienert
die Kerze brennt
es ist Advent

Die Kinder basteln Weihnachtssterne
sie mögen diese Zeit so gerne
Sie freuen sich schon auf die Gaben,
die sie am Weihnachtstage haben

die Eltern sind im Weihnachtsstress
damit man auch kein Kind vergess´
Sie scheuen weder Kost´noch Müh,
denn ihre Kinder lieben sie.

Am Weihnachtstag die Kerzen brennen
die Kinder in die Stube rennen

Nun endlich gibt es die Geschenke
Oh, wenn ich doch nur daran denke
an meine schöne Kinderzeit,
wenn ich mich Weihnachten so gefreut.

Das Leben

Oft möcht ich nach den Sternen greifen
und greife glatt daneben
dem einen gelingt´s dem anderen nicht
doch damit muss man leben.

So ist der eine hochbegabt
ein anderer muss viel lernen
man hat sich oft ein Ziel gesteckt
und greift doch nach den Sternen.

Mit leerer Hand steht mancher da
sein Ziel ist nicht erreicht
manch einer ist vermögender
das Leben ist nicht leicht
Doch sollte man niemals verzagen
wer aufgibt hat verloren

Wer weiterkämpft wird nicht versagen
er hat das Ziel erkoren
So kann man dann zufrieden sein
mit dem was man geschaffen
man hat gekämpft, gelebt, geliebt
das alles ohne Waffen.

Wahrheit - Unwahrheit

Wer öfter nicht die Wahrheit spricht
dem kann man nicht mehr trauen
den worauf soll man bauen?
Man glaubt ihm eben nicht.

Kommunikation

Wer nicht mit Menschen reden kann
den wird man wohl oft meiden
denn viele mögen´s nicht leiden
Oh, wie einsam ist man dann.
Ob man sich noch ändern wird?
Das ist nicht immer leicht.
Gespräche sind oft seicht
oder kalt, dass man fast friert.

Elefanten

Der Elefant ein dickes Tier
mit mächtig großen Füßen
die graue Haut ist kaum behaart
er stapft durch Wald und Wüsten
Durch die Steppe wandert er
mit seiner großen Herde
mit dem Rüssel holet er
das Wasser aus der Erde
Der Elefant ein schlaues Tier
riecht wo es Wasser gibt
vergisst niemals den guten Freund
das macht ihn so beliebt.

Zeit ist knapp

Das größte Gut das ist die Zeit
und die ist knapp bemessen
sie ist´s woran wir meistens denken
wir können sie nie vergessen.

Die Zeit, die gab es vor Uhr,
es gab sie vor dem Leben
sie hetzt uns, treibt uns immer vor
wie kann´s denn so was geben.

Wo bleibt die Zeit, so denken wir,
wenn Tage gehen zu Ende
und wir dann blicken weit zurück
auf´s Tagewerk unserer Hände.

Weil dieses Gut so kostbar ist,
drum wollten wir es messen,
damit wir auch nicht eine Sekunde
der wichtigen Zeit vergessen.

So gibt es Uhren aller Arten
die man sich denken kann
Damit man die Einteilung
der Zeit noch lenken kann.

Denn das ist alles was uns bleibt
Das Wichtige einzuteilen
so gut wie möglich auszunutzen
um nicht hinterher zu eilen.

Glücklich ist der, der früh versteht
dass seine Zeit nicht ewig geht.
Der nimmt sein Leben in die Hand
und lebt mit Sinn und mit Verstand.

Nur so teilt man die Zeit gut ein
und kann im Leben glücklich sein.
Denn wenn die Zeit ist abgelaufen
kann man nicht eine Stunde kaufen.

Verschiedene Reisen

Die Reise ist für viele
eines der großen Ziele.
So streben viele in die Ferne
und sehen andere Länder gerne.
Doch auch die Reise der Gedanken
bringt manchmal unseren Mut ins
Wanken.
Nicht alles was man hat erlebt,
ist immer was man so erstrebt.
So denkt man vor und auch zurück
lebt manchmal für den Augenblick.

Manches möchte man nicht missen,
anderes will man nicht mehr wissen.
Manch einer wäre bereit,
für eine Reise in der Zeit.

Dieser Weg zurück,
wäre für manche ein Glück.
Doch in der Zeit, unserem höchsten
Gut
geht die Reise nur nach vorn, manche
brauchen Mut.

Die Zeit ist oft ein Feind und schreitet
voran.
Jeder muss sie so gut nutzen, wie er
nur kann.

Die Elemente

Sonne, Erde Wasser, Luft
geben der Erde ihren Duft.
Haltet sie sauber, haltet sie rein,
sie soll noch lange bewohnbar sein.

Herstellung und Verlag:
Books on Demand GmbH, Norderstedt
ISBN 978-3-8423-7579-6